BRUXELLES

SOCIÉTÉ BELGE DE LIBRAIRIE

(Société Anonyme)

Oscar SCHEPENS, Directeur

16, Rue Treurenberg, 16

1898

LES

MISSIONS CATHOLIQUES ET PROTESTANTES

AU CONGO

BRUXELLES

SOCIÉTÉ BELGE DE LIBRAIRIE
(Société Anonyme)
Oscar SCHEPENS, Directeur
16, Rue Treurenberg, 16

1898

Scheut-lez-Bruxelles, le 13 avril 1897.

Cher Monsieur,

Vous voulez bien me faire part de l'intention que vous avez de publier un tract sur la situation des missions religieuses au Congo Belge. Je ne puis qu'approuver l'idée, que je trouve très heureuse. Vous donnerez ainsi le bon exemple d'une collaboration efficace à une œuvre qui a besoin d'être popularisée dans notre catholique Belgique.

Ce sera un moyen de multiplier les prières en faveur d'une entreprise qui ne peut prospérer que par la bénédiction d'en Haut, de multiplier les vocations, dont le besoin se fait grandement sentir, et d'augmenter les ressources matérielles qui sont indispensables. Votre travail aura dans tous les cas un résultat considérable, en exposant les efforts, que le missionnaire fait en vue de la conversion des noirs, l'amélioration de leur état matériel et leur formation intellectuelle dans la mesure de leurs capacités. Vous aiderez ainsi l'opinion publique à lui faire apprécier l'excellence de l'œuvre et vous élèverez celle-ci dans l'estime de nos compatriotes. Votre travail sera un hommage rendu non seulement aux missionnaires, mais aussi à Sa Majesté le Roi des Belges et à tous ses courageux collaborateurs. Si le Roi a ouvert un vaste continent à la civilisation chrétienne, si les vaillants n'ont pas manqué à l'accomplissement de son grand dessein, on n'oubliera pas non plus que, dès le début, un appel a été fait au zèle des missionnaires.

Ceux-ci sont heureux de rendre témoignage de la bienveillance dont ils ont été l'objet, de l'aide et de la protection qu'ils ont trouvées en toute espèce de rencontres. Les catholiques belges partageront la reconnaissance des missionnaires, et vous avez grandement raison de les y aider.

Sans le savoir peut-être et pour cette raison même avec d'autant plus d'éloquence, vous offrirez au public une protestation indirecte contre certaines accusations qui se font entendre en ce moment à l'étranger, et dont les échos pourraient se répercuter jusque dans notre pays. Une œuvre ne perd rien de sa grandeur, même en présence de certains abus particuliers ou individuels, qui, dans le cas qu'on les constaterait dûment, seraient toujours condamnables et hautement condamnés par l'État comme par les missionnaires. Ce qu'il faut empêcher, c'est de voiler l'aspect général d'une situation par quelques traits d'abus particuliers, inévitables sur un terrain aussi vaste et dans une organisation déjà compliquée. Aucun de ceux qui travaillent à la régénération de l'Afrique centrale n'a jamais perdu de vue la grandeur du but à atteindre.

C'est l'humanité qu'il s'agit d'y défendre contre les attaques d'un odieux esclavagisme et les ravages d'une affreuse barbarie, c'est la possibilité d'un en-

seignement moral et religieux qu'il s'agit d'assurer.

Personne ne le contestera, les moyens employés jusqu'ici sont efficaces. Un gouvernement organisé remplaçant le désordre anarchique et assurant la protection des droits d'un chacun est déjà un progrès et un fait accompli ; mais il y a plus, des succès considérables ont été obtenus contre les ennemis de l'humanité, contre les traitants arabes. C'est un service inappréciable rendu tant aux indigènes qu'à l'Église et à l'Europe.

Le point culminant de la situation dans le centre africain était bien cette opposition entre l'Europe chrétienne et l'Islamisme marchand d'esclaves, le conflit a éclaté et l'avantage est resté à la civilisation chrétienne.

Tous ceux qui sont restés accessibles aux sentiments chrétiens et humanitaires, ont à s'en réjouir et les catholiques belges en particulier.

En effet, Léopoldville, appelé à devenir sous peu le centre des missions catholiques, serait peut-être aujourd'hui une citadelle de l'Islamisme ; nous ne songeons qu'avec horreur à ce qui serait déjà arrivé : un tiers de nos chers noirs eût été massacré, un autre tiers emmené en esclavage, le reste fût devenu musulman et n'eût plus offert aucun espoir de conversion.

Disons-le nettement, c'est la porte du salut que l'Etat du Congo a ouverte à la population indigène. Il n'y a place que pour un sentiment unanime d'admiration sincère pour l'œuvre mémorable si généreusement entreprise par le Roi, dont le nom passera à l'histoire. Il ne suffit pas néanmoins de se réjouir des résultats obtenus, mais il est du devoir de tout bon catholique de coopérer en quelque façon à l'œuvre du Roi, de la soutenir, de la continuer et de l'accomplir.

C'est un rôle que la Providence assigne manifestement à la Belgique, un appel qu'Elle lui a adressé et dont Elle attend la réponse. Elle a attiré son regard vers l'Afrique centrale et l'a rendu témoin des souffrances et des misères de cette population noire. La Belgique est appelée à être le charitable samaritain qui pansera ses blessures, après avoir éloigné le danger. A elle à voir si elle méritera le blâme ou la louange, si elle se montrera digne de la récompense qui est attachée à une bonne action, si elle cédera à d'autres des titres, de glorieux mérites et de célestes bénédictions qui lui sont offerts.

Nous espérons pour notre part qu'elle écoutera l'appel; tant de Belges se sont déjà dévoués, le dévouement de la Belgique ne saurait se faire attendre. L'œuvre de civilisation et le mouvement religieux seront nationalisés, nous en avons la douce espérance. Le clergé belge et les nombreuses congrégations religieuses qui fleurissent sur notre territoire attendent ce moment pour surgir en levée et porter aux déshérités de la grâce la foi chrétienne et les nombreux bienfaits dont notre Patrie est redevable à la divine Providence.

Cher Monsieur, que le bon Dieu vous bénisse, et fasse fructifier vos peines pour la gloire de son nom et le salut des âmes.

Agréez, je vous prie, l'assurance de mes sentiments de sincère estime et de cordiale affection en Jésus-Christ.

C. VAN RONSLÉ,
év. de Thymbrium.
vic. ap. du Congo Belge.

LES MISSIONS

CATHOLIQUES & PROTESTANTES

AU CONGO

La question de la reprise du Congo par la Belgique a été momentanément écartée des discussions politiques. Cependant, l'opinion publique continue à suivre, avec un intérêt bien légitime, le développement progressif de l'État Indépendant, qui bientôt peut-être deviendra colonie belge.

Nous n'aborderons pas dans sa généralité et sa complexité la question coloniale. Nous voulons seulement examiner un côté spécial de la question, traiter un point sur lequel tous les Belges en général et les catholiques en particulier peuvent et doivent s'entendre : c'est le problème de l'évangélisation de l'Afrique équatoriale. Il est certain que même les adversaires de l'extension coloniale doivent, dès qu'ils sont catholiques, s'intéresser au plus haut degré à la conquête pacifique entreprise par nos missionnaires.

N'y a-t-il pas là, au cœur de l'Afrique, une population immense, livrée au plus grossier fétichisme et aux pratiques les plus barbares et qui cependant semble aspirer à une instruction, une civilisation et une religion supérieures ?

Aussi le dévouement des missionnaires y a trouvé un champ d'action aussi fécond que vaste, et les nations rivalisent d'ardeur, les diverses Églises font des efforts extraordinaires pour se rattacher les peuples du centre de l'Afrique.

Les partisans de la reprise — et nous ne cacherons pas que nous sommes de ceux-là, depuis que nous voyons tomber une à une les objections opposées naguère à l'entreprise coloniale de S. M. Léopold II — les partisans de la reprise, disons-nous, sont plus directement et plus grandement encore intéressés dans la question qui fait l'objet de cette brochure. En effet, n'est-elle pas de la plus haute importance, l'action de ces hardis missionnaires qui préparent la route aux colonisateurs et qui, en apportant une religion de paix et la civilisation des nouveaux maîtres, favorisent la tranquillité et le développement de la future colonie ?

De nombreuses publications ont exposé par fragments l'histoire et ont montré l'importance des divers établissements de missionnaires au Congo. Mais aucune, que nous sachions, n'a donné l'histoire complète des missions congolaises tant catholiques que protestantes et encore moins a-t-on fait ressortir les leçons que nous autres, Belges, devons tirer de l'étude du mouvement religieux au Congo (1). C'est dans le but de répondre à ce desideratum que nous avons essayé d'esquisser l'œuvre des diverses missions de l'Afrique centrale et de mettre en lumière un aspect vraiment intéressant et instructif de l'état de choses actuel.

Puisse ce faible effort contribuer à attirer l'attention sur cette question et ainsi préparer une situation plus conforme à nos intérêts et à nos sentiments religieux !

---

(1) Depuis la rédaction de ces lignes a paru l'intéressant volume, intitulé : *L'Etat Indépendant du Congo à l'Exposition de Bruxelles-Tervueren.* Il contient un exposé très complet de la situation des missions religieuses fait par M. le baron Alphonse de Haulleville. Nous devons à son obligeance de pouvoir insérer les deux cartes de missions qu'il a dressées. Nous lui sommes redevable également de précieux renseignements tirés de ses remarquables articles publiés dans *La Belgique Coloniale*.

LES MISSIONS CATHOLIQUES

Raconter *ab ovo* l'histoire des missions catholiques dans l'Afrique équatoriale serait redire des choses probablement connues et certainement peu utiles, puisque les missions établies à diverses reprises depuis le XVIe siècle n'ont pas laissé de traces appréciables. Nous n'entreprendrons pas d'expliquer leurs échecs répétés. Qu'il nous suffise de rappeler, d'une part, les difficultés pour ainsi dire insurmontables qu'elles rencontrèrent à pénétrer dans le mystérieux continent africain et, de l'autre, l'apathie des gouvernements européens. Pendant bien longtemps, ceux-ci, loin d'aider les missionnaires chrétiens dans l'accomplissement de leur œuvre civilisatrice, entravèrent leur action et même allèrent jusqu'à supprimer des Ordres qui se dévouaient spécialement à la propagation de la foi.

Quoi qu'il en soit, nous pouvons dire que c'est dans ce siècle et même dans son dernier quart que l'œuvre de l'évangélisation du centre africain fut définitivement entamée et menée avec une vigueur telle, que désormais tout échec est impossible.

Ce fut de deux côtés à la fois que les vaillants apôtres du Christ attaquèrent l'immense bassin du Congo.

Depuis 1835, les Pères français du St-Esprit étaient établis sur la côte Occidentale de l'Afrique et évangélisaient le Gabon français érigé en Vicariat Apostolique.

De là, s'avançant sans cesse le long des côtes, ils étaient arrivés à l'embouchure du Congo.

Ils y trouvèrent des populations anciennement converties au catholiscisme par les capucins portugais, mais qui étaient retombées dans leur idolâtrie primitive. Ce ne fut qu'en 1880 que cette congrégation établit deux postes dans le territoire actuel de l'État indépendant du Congo : à Boma et à Banana, postes qu'ils conservèrent jusqu'en 1888, ainsi que nous verrons plus loin.

Les missionnaires ne se contentèrent pas seulement d'évangéliser les peuplades du littoral, ils voulurent aussi pénétrer à l'intérieur des terres, et nous rappellerons qu'en 1880 le Père Augouard arrivait au Stanley-Pool en même temps que Stanley.

A l'autre bout du continent africain, par la côte du Zanzibar, une autre congrégation française avait entrepris l'œuvre de la conversion des noirs au christianisme : c'étaient les Pères blancs d'Alger, qui, sous l'habile direction du cardinal Lavigerie, attaquaient l'Afrique de tous les côtés à la fois.

Nous ne dirons pas les efforts inouïs, la lutte de tous les instants qu'ils eurent à soutenir dans les contrées qui séparent la côte du lac Tanganika. Le sang des martyrs fut fécond : en peu d'années, le chemin de Zanzibar à Tabora et Udjiji était jalonné de chrétientés naissantes.

Ce serait sortir de notre sujet que de parler de l'œuvre qui y fut réalisée ; nous avons hâte de raconter l'arrivée de ces missionnaires sur le lac Tanganika et ensuite dans le bassin même du Congo.

Ce fut en 1877 que l'illustre Stanley révéla l'existence de la grande voie fluviale du Congo.

Le Roi des Belges Léopold II, mû par son ardent amour de la science et de généreuses pensées de rédemption de la race noire, convoqua aussitôt les hommes les plus éminents de l'Europe.

De la Conférence de Bruxelles sortit l'Association internationale africaine. Son but était de compléter les découvertes de Stanley et d'ouvrir définitivement le continent africain à la civilisation européenne.

Dès le premier moment, notre Souverain reçut un témoignage d'enthousiasme et d'admiration des plus précieux. Le Cardinal Lavigerie entra immédiatement dans les vues de Léopold II et désormais les Pères blancs et les agents de l'Association Internationale Africaine vont marcher la main dans la main à la conquête de l'immense bassin congolais.

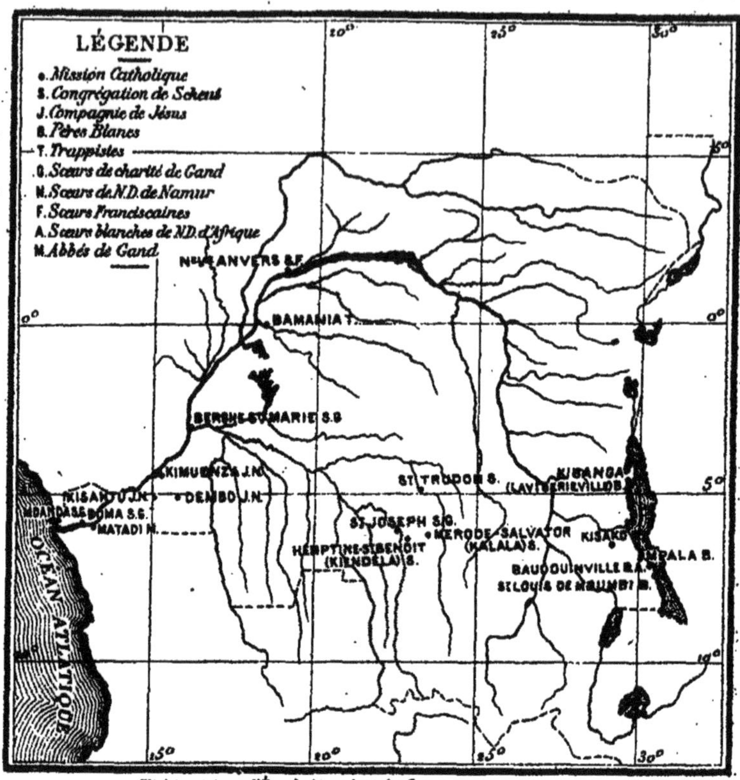

Cliché prêté par l'État Indépendant du Congo.

Carte des Missions Catholiques, d'après A. De Haulleville.

Le Roi visait-il déjà alors à la constitution d'un État indépendant ou d'une colonie belge? On peut en douter; mais nous pouvons dire que, dès cet instant, le cardinal Lavigerie conçut un plan grandiose et aussi admirable que son dévouement à la cause de la foi qui le suggéra. Il rêva d'établir d'un Océan à l'autre une suite non interrompue de Vicariats apostoliques et de confier cette tâche presque surhumaine à ses fils spirituels les Pères blancs d'Alger.

Et nul doute qu'ils n'eussent réussi, si les nécessités d'ordre politique n'avaient, comme nous le verrons bientôt, amené d'autres combinaisons.

Mais revenons à la réalité. Un obstacle presque insurmontable se dressait devant l'action pacifique des missionnaires. A côté des rois indigènes soupçonneux, il est vrai, mais qu'on pouvait gagner à force de douceur et d'adresse, il y avait les Arabes, les trafiquants d'esclaves. Ennemis acharnés des blancs qui heurtaient leurs intérêts, ils les combattaient ouvertement ou les attiraient par des manifestations d'une amitié hypocrite qui ne servait qu'à perdre plus sûrement les imprudents qui s'y laissaient prendre. Les Arabes devaient disparaître. La Croix ne pouvait pactiser avec le Croissant. Il fallait que le musulman fût vaincu et expulsé des territoires qu'il ravageait et dépeuplait.

Pour atteindre ce résultat si nécessaire, le cardinal Lavigerie avait adressé un appel chaleureux aux nations chrétiennes. Il lui fallait des guerriers capables de soutenir ses missionnaires. La Belgique eut l'honneur d'envoyer un premier contingent de héros : c'étaient cinq anciens zouaves pontificaux qui offraient à l'Église d'Afrique leurs bras et leur épée, devenues inutiles à l'Europe ; c'étaient MM. Loosvelt, D'hoop, Verhaert, Van Oost et Reyntjes, tous originaires des Flandres. Ils quittèrent la Belgique en juin 1879. De son côté, l'Association Internationale Africaine, fondée en 1876, tint une seconde réunion en 1877 et décida d'envoyer une expédition en Afrique.

Elle devait partir de Zanzibar et fonder un poste sur le lac Tanganika.

La première expédition, dirigée par le capitaine Créspell, échoua. Mais une seconde, sous la direction du capitaine Cambier, parvint sur les bords du Tanganika.

A travers mille difficultés, cet officier belge mena à bien l'entreprise, et ce fut lui qui, en 1872, fonda la station de Karema, dans une forte position, sur la rive orientale du lac.

Après ce succès, le comité belge organisa une troisième expédition, sous le commandement du lieutenant Storms, qui établit en 1883 la première station sur le territoire actuel de l'État indépendant, à Mpala. En 1885, ces deux postes furent abandonnés au capitaine Joubert, ancien Zouave pontifical engagé au service des Pères blancs. Depuis 1880, jusqu'au moment où nous écrivons, ce héros n'a cessé de protéger leur action et de maintenir haut et ferme au sommet de son fort de Mpala le drapeau bleu étoilé d'or de l'État Indépendant du Congo.

Pendant que les expéditions belges luttaient ainsi pour faire pénétrer la civilisation dans le centre africain, les Pères blancs ne restaient pas inactifs.

En 1880, la Propagande avait érigé les régions du Nyanza et du Tanganika Oriental en provicariat et avait de plus décidé que l'immense bassin du Congo serait abandonné aux Pères blancs d'Afrique. C'est à partir de ce moment que cette congrégation va s'établir sur la côte Occidentale du Tanganika. En 1880, le Père Moinet arrivait à la station belge de Karema en traversant obliquement le lac et alla installer sur la côte N.-O. la mission de Massanzée dans le village appelé Moulouewa.

Une fondation beaucoup plus importante fut celle de Kibanga. En 1883, notre compatriote le Père Vyncke, du diocèse de Bruges, s'établit à peu près en face d'Ujiji, dans ce village de Kibanga qui bientôt reçut le nom de Lavigerieville.

Nous ne pouvons nous empêcher d'insister ici sur les grandes vertus et les capacités extraordinaires du Père Vyncke. La station qu'il fonda se distingua bientôt par sa grande prospérité et en peu de temps elle devint un poste de la plus grande importance. Le Père Vyncke le dirigea sans interruption jusqu'au moment où, épuisé par les fatigues de six années d'apostolat, il rendit son âme à Dieu (1888).

Nous avons dit plus haut que le cardinal Lavigerie, aussitôt le bassin du Congo découvert, avait rêvé pour son Ordre le périlleux honneur d'évangéliser ces immenses contrées.

Ce fut dans ce but qu'en 1883 il envoya un de ses plus habiles organisateurs d'expédition, l'abbé Guyot, à Boma, avec ordre de remonter le Congo et de fonder une station dans le Haut. Obéissant de point en point, le courageux abbé traversa la région des cataractes et passant par Léopoldville ne s'arrêta qu'au confluent du Kassaï et du Congo.

C'est là que s'élèvera bientôt la mission de Kwamouth. Une fatale imprudence vint tout compromettre. L'abbé Guyot trouva la mort dans les eaux du Kassaï.

A la nouvelle de ce malheur, le supérieur des Pères blancs envoie aussitôt trois Pères pour remplacer l'abbé Guyot. C'étaient les Pères Merlon, Dupont et Schynse. Le succès semblait assuré, et suivant les intentions du Cardinal, Kwamouth serait devenu le centre d'un nouveau Vicariat apostolique.

Mais les événements avaient amené deux grands changements dans la situation politique du bassin du Congo, événements qui vont avoir une influence décisive sur l'évangélisation de cet immense territoire.

Fondé en 1878, le comité d'études du Haut-Congo s'était empressé d'acquérir, par des expéditions successives, les droits de souveraineté dans le bassin du Congo. En 1882, il régularisa sa situation en prenant le titre d'Association Internationale du Congo et le 23 février de cette année terminait avec les diverses puissances européennes la négociation de traités qui lui reconnaissaient la qualité de Puissance amie.

Un nouvel État était né. Restait à lui choisir un chef. Jamais choix ne fut moins embarrassant ni moins douteux.

Léopold II, le glorieux initiateur de toutes les explorations africaines, n'était-il pas désigné naturellement pour guider les destinées du jeune État qu'il avait créé?

L'Europe entière le reconnut, et le 28-30 avril 1885, la Belgique accordait à son Roi le droit de prendre le titre de Souverain de l'État Indépendant du Congo.

Ainsi chargé de la mission de civiliser ces immenses régions d'une superficie quatre-vingts fois plus grande que la Belgique, le Roi comprit que jamais les postes de l'État et les factoreries ne pourraient réaliser l'œuvre qu'il s'était assignée. C'était aux missions religieuses surtout que revenait cette tâche. En subjuguant les cœurs et les intelligences, elles devaient amener le calme et la paix et asseoir une domination efficace et durable.

Il suffit de se rappeler la régénération qui s'opéra chez les anciens Germains après l'arrivée des missionnaires catholiques, pour mesurer la puissance civilisatrice des apôtres du Christ.

Le Germain était batailleur et paresseux et ses terres restaient en friche. Les missionnaires lui inculquèrent une religion de paix et en firent un travailleur infatigable. Ils transformèrent ses landes incultes en riches exploitations.

Le nègre aussi est batailleur et paresseux. Mais ici encore la civilisation et l'esprit religieux agiront, et comme chez nos ancêtres ils remporteront la victoire.

Cette leçon de l'histoire était trop instructive pour que le Roi ne s'efforçât pas de favoriser la propagande religieuse au Congo et même de provoquer de nouveaux dévouements. « Dès le lendemain du Congrès de Berlin, des pourparlers furent ouverts avec différents ordres religieux de Belgique à l'effet d'obtenir pour le Congo des ouvriers évangéliques : comme ils ne purent momentanément aboutir, la création à Louvain d'un séminaire spécial fut décidée en juillet 1886. Dans son mandement collectif du 16 novembre suivant, l'épiscopat belge recommandait avec instance au jeune clergé le nouvel établissement. En février 1887, il s'ouvrit avec six aspirants, placés sous la direction d'un orientaliste distingué, M. l'abbé Forget, du diocèse de Namur.

Malgré ces débuts encourageants, certains esprits

conservaient des doutes sur la vitalité d'une institution qui n'avait ni le caractère ni les avantages d'une congrégation religieuse; aussi dès le mois d'octobre 1886, des ouvertures nouvelles étaient-elles faites à la Société du Cœur immaculé de Marie, établie à Scheut près de Bruxelles. Cette congrégation avait été fondée vingt-cinq ans auparavant par M. Verbist, ancien aumônier de l'école militaire, et déjà elle avait réalisé des prodiges en Mongolie. Certes toutes ses forces et toutes ses ressources lui étaient nécessaires pour pourvoir aux besoins spirituels des immenses territoires confiés à ses soins; elle voulut toutefois tenter l'impossible, et dans un Chapitre général tenu en Mongolie (1887), elle accepta la lourde tâche de fournir les premiers missionnaires à l'État indépendant (1). »

Pourquoi Léopold II demandait-il avec tant d'insistance des missionnaires belges, pourquoi ne pas laisser l'œuvre de l'évangélisation aux deux congrégations qui l'avaient entreprise : les Pères du St-Esprit et les Pères blancs? C'est, sans aucun doute, que déjà dès cette époque notre Souverain espérait voir un jour le Congo transformé en colonie belge et qu'il comprenait que, pour assurer la réalisation de cette espérance, il fallait dès l'abord inspirer aux nègres du nouvel État le respect et l'amour des Belges. Il est hors de doute que, cet idéal posé, il devenait nécessaire de confier l'évangélisation à nos compatriotes et de la leur réserver exclusivement.

Nous venons de voir que la congrégation de Scheut acceptait d'envoyer ses missionnaires au Congo. Il fallait maintenant obtenir l'abandon du territoire par les ordres étrangers et la création d'une province ecclésiastique indépendante.

Ce fut le double but que poursuivit dès lors le Roi et qu'après bien des difficultés il atteignit.

Rendons hommage au cardinal Lavigerie, qui, reconnaissant la justesse des vues du Roi, appuya sa demande auprès de la Propagande. Il était juste cependant que

---

(1) P. Eucher, *Le Congo*.

les Pères blancs pussent conserver les postes établis par eux depuis longtemps sur le Tanganika. Ce point fut réglé par Lettres apostoliques du 30 décembre 1886, qui érigeaient le vicariat apostolique du Tanganika occidental (1). Il était stipulé que les Pères d'Alger qui le conservaient n'y enverraient que des sujets belges.

Il importait maintenant de régler la situation religieuse de tout le reste du vaste État. Ce fut un Bref du Saint-Siège du 11 mai 1888 qui mit fin à toutes les négociations et les termina à l'entière satisfaction des parties intéressées.

Nous croyons ce document trop important pour ne pas en donner textuellement l'extrait qui concerne la question que nous traitons : « De Notre propre mouvement, de science certaine et après mûre délibération, Nous érigeons en vertu de Notre autorité, par le présent Bref, le nouveau Vicariat apostolique comprenant le territoire appelé du nom de Congo Belge ou Indépendant, à l'exception des régions constituées en vicariat par Lettres apostoliques du 30 décembre 1886 sous le nom de Congo Supérieur, et nous donnons à cette nouvelle province le nom de Vicariat du Congo Belge ou Indépendant.

» Nous donnons pour frontières au nouveau Vicariat au Nord, au Sud et à l'Ouest, les limites mêmes de l'État Indépendant, à l'Est la frontière sera le 30° degré de longitude (Greenwich) supputation faite à partir du 4me degré latitude du Nord jusqu'au lac Muta Nsigé vers le Sud, ensuite les frontières sont déterminées par les rives Nord et Ouest de ce lac jusqu'à son extrémité Sud et de là en suivant une ligne droite partant de la pointe méridionale jusqu'à l'endroit où la rivière Lira se jette dans le Lualaba en longeant le cours de ce fleuve jusqu'au lac Moëro et en contournant le lac à l'Ouest le long du

(1) Les limites de ce vicariat furent déterminées comme suit : au Nord, une ligne droite allant du lac Albert Edouard au confluent du Congo et de la rivière Lira (à quelques kilomètres en amont de Riba-Riba) ; à l'Ouest et au Sud, le Congo et le Luapula ; à l'Est, les limites de l'État Indépendant lui-même.

fleuve Luapula jusqu'à l'extrémité de la rive Sud-Ouest au lac Bangouelo.

„Nous confions le soin de ce Vicariat à la Congrégation du Cœur immaculé de Marie de Scheutveld et à cette congrégation, en vue de l'évangélisation du Congo et selon le désir du Roi des Belges. Nous ajoutons et Nous unissons le séminaire africain récemment érigé à Louvain. „

L'action religieuse suivit aussitôt. Le 26 août 1888 partait la première caravane de missionnaires belges de la maison de Scheut.

Elle comprenait le Père Gueluy, supérieur intérimaire, les PP. Huberlant, Cambier et De Backer.

Le 24 novembre 1888, ils arrivaient au lieu de leur destination, à Kwamouth, au confluent du Congo, et du Kassaï. C'est là que bientôt s'élevèrent les constructions du nouveau poste, qui reçut le nom de Berghe-Sainte-Marie en souvenir de son généreux fondateur Mgr O. Van den Berghe, le défunt curé de St-Joseph à Anvers.

La première pierre de l'édifice était posée. Mais quelle tâche à accomplir ! Écoutons le Père Cambier, qui, dans une longue lettre, raconte cette fondation et termine ainsi : « Avec quelle émotion nous foulâmes ce sol où bientôt va s'élever le premier établissement de nos missions ! Des milliers de noirs doux et cruels comme des enfants attendent de nous la régénération et le salut. Nous aurons à lutter contre l'ignorance la plus complète, le fétichisme le plus odieux, les mœurs les plus brutales. „

Mais si l'œuvre est immense et pénible, le dévouement de nos missionnaires est à la hauteur des nécessités, et nous allons voir maintenant une suite non interrompue de nouvelles fondations étendre l'empire de la foi chrétienne.

En octobre 1889, le Père Gueluy quitte Berghe-Ste-Marie et, remontant le Congo, va s'établir sur la rive droite dans la tribu des Bangalas.

Le village de Mpombou, choisi comme lieu de résidence, reçut le nom de Nouvelle-Anvers et fut confié aux soins des PP. Cambier et Van Ronslé. N'oublions pas de dire que, de même que pour Berghe-Ste-Marie, un généreux donateur fit les frais de la nouvelle installation. C'était M. le Comte de Bergeyck, sénateur pour St-Nicolas.

« La tribu des Bangalas, dit le Père Cambier, est une des plus grandes du Congo. Dans les nombreux villages qui entourent Mpombou, la population est innombrable. »

Grâce à l'activité des deux Pères, cette mission devint bientôt très prospère. Ces premiers postes établis, la mission du Père Gueluy était accomplie et il rentra en Europe où il vint réprendre parmi nous une tâche non moins difficile : celle de la formation des jeunes missionnaires, au séminaire africain de Louvain. C'est ce poste qu'il n'a cessé d'occuper jusqu'aujourd'hui avec le plus entier dévouement.

Le Père Huberlant, qui lui succéda comme supérieur en Afrique, fut le premier provicaire apostolique du Congo. Nommé en février 1891, il choisit sa résidence à Boma, capitale de l'État.

Revenons à la fondation de nouvelles stations.

Dès 1889, la création d'une mission sur le haut Kassaï avait été décidée.

Mais diverses circonstances vinrent entraver la réalisation de ce projet et ce ne fut qu'en mai 1891 que le P. Cambier, bientôt suivi par le P. De Gryse, parvint à l'endroit désigné, à Luluabourg.

Ce poste était admirablement situé et les voyageurs sont unanimes à reconnaître la fertilité du sol et la salubrité de toute cette région.

Dès le début, cet établissement sembla destiné à une prospérité extraordinaire.

A peine était-il fondé que les officiers du poste de l'État mettent en fuite une caravane d'esclavagistes et délivrent les esclaves. Ceux-ci, au nombre de 800, furent remis aux Pères et formèrent ainsi le premier noyau de la mission.

Des chefs nègres gagnés par les services que leur rendaient les « sorciers blancs » (nom qu'ils donnaient aux Pères) vinrent établir des villages dans les environs de la résidence des Pères et ce n'est pas à tort qu'un officier de l'État écrivait que celle-ci ressemble déjà à une ville naissante.

Mais à Luluabourg comme à Berghe-Ste-Marie et comme à la Nouvelle-Anvers, quelque chose manquait pour assurer la durée aux résultats obtenus par la propagande religieuse. On sait qu'il est, sinon impossible, du moins très difficile d'exercer quelque influence sur les nègres adultes, et que pour former de véritables chrétiens l'œuvre de conversion doit être entreprise sur le premier âge.

Or les Pères ne peuvent se charger que des petits garçons et ceux-ci une fois adultes épousent des païennes. Souvent le fruit d'une longue éducation est ainsi perdu. Le seul moyen de réussir est de former des villages entièrement chrétiens avec des garçons et des fillettes ayant également reçu les principes de notre religion. C'est ce que reconnaît si bien le Père Cambier quand, dans ses lettres, il demande avec la plus vive insistance qu'on lui envoie des sœurs missionnaires pour aider les Pères dans leur tâche et se charger des innombrables fillettes que les officiers de l'État arrachent tous les jours aux trafiquants d'esclaves.

Il convient de dire que la nécessité d'envoyer au Congo des religieuses avait été reconnue depuis longtemps par nos autorités religieuses. Grâce au zèle et à l'intelligente initiative de M. le chanoine Janssens, supérieur général des Sœurs de Charité de Gand, cet ordre ouvrit à Quatrecht un noviciat où se formeraient des sœurs missionnaires (1889).

En décembre 1891, dix sœurs de charité quittaient famille et patrie pour aller au loin parmi ces peuplades sauvages se vouer à une rude mission qui semblait si peu en rapport avec la faiblesse de leur sexe. Mais n'oublions pas qu'elles n'étaient plus de simples femmes. La responsabilité de l'apostolat qu'elles assumaient leur donnait en quelque sorte une force et des grâces nouvelles, qui allaient leur permettre de lutter vaillamment, elles aussi, pour la propagation de la foi.

Aussitôt arrivées, les Sœurs de Charité s'établissent à Moanda et à Nemlao sur la côte, au Nord de l'embouchure du Congo. C'est là qu'elles reçurent les jeunes esclaves libérées et qu'elles fondèrent leur premier orphelinat.

Moanda — Sœurs de Charité de Gand.

En outre, elles allaient soigner les ouvriers malades du chemin de fer du Congo. C'est dans ce but qu'un hôpital fut fondé à Kinkanda près de Matadi. Là aussi les Sœurs rendirent d'inappréciables services.

Mais du fond du Haut-Congo, de Luluabourg, retentissait toujours l'appel du Père Cambier, qui demandait des Sœurs missionnaires.

« Il nous serait facile, dit-il, dans une de ses lettres, si nous avions de plus grandes ressources de délivrer un plus grand nombre de ces malheureux. Mais il y a la question de l'éducation. Or, aussi longtemps que nous n'aurons pas de religieuses pour instruire nos petites filles nous n'arriverons que bien difficilement à fonder de véritables villages foncièrement chrétiens.

» Des religieuses donc, des religieuses, des centaines de religieuses ! Là est le salut de l'Afrique et pas ailleurs ! »

Le vœu si ardent fut enfin comblé dans la mesure du possible. En septembre 1893, les sœurs qui occupaient

Nemlao quittaient cette résidence et trois mois après elles arrivèrent à Luluabourg.

Nous regrettons que la nécessité de mesurer nos développements au cadre général de cet exposé nous empêche de transcrire quelques passages des lettres qu'adressait à ses supérieurs la sœur Marie Godelieve, trop tôt enlevée à ses compagnes et à son œuvre. Nous y verrions avec quelle gaîté de cœur et quel héroïsme simple et presque inconscient ces frêles femmes affrontaient les rigueurs du climat et les difficultés de leur tâche.

Nous formons en passant le vœu de voir réunir et éditer les lettres de sœur Marie Godelieve, afin que la nation tout entière puisse reconnaître l'efficacité et la grandeur de l'œuvre accomplie par nos sœurs missionnaires au Congo.

Pendant qu'ainsi s'opérait la conquête pacifique sur le Kassaï, une guerre atroce, sans trève ni merci, sévissait sur le Lomami et le Congo en amont des Falls. Malgré la foi jurée par leur chef, le célèbre Tippo-Tib, les esclavagistes attaquaient l'État Indépendant. Déjà au Nord et au Sud, leurs troupes bien disciplinées franchissaient les limites que les traités leur avaient assignées et ravageaient les territoires de l'État.

Invasion terrible ! Torrent impétueux, auquel rien ne semblait pouvoir résister ! Bientôt les Arabes entreraient à Boma et l'immense bassin du Congo serait livré à toutes les cruautés des disciples de Mahomet.

Mais ils avaient compté sans nos vaillants officiers belges. Nous ne pouvons retracer ici les glorieuses victoires de cette campagne arabe, où se signalèrent les Van de Kerkhove, les Ponthier et les Dhanis. Contentons-nous de dire que, si, avant ces hostilités, l'État Indépendant avait comme postes extrêmes Basoko, au confluent du Congo et de l'Aruwimi, et Lusambo, sur le Sankuru, peu de temps après la fin de la guerre tout le territoire compris entre le Lomami et le Tanganika était purgé des infâmes brigands qui avaient en quelques années transformé ces fertiles contrées en un véritable désert et tué ou enlevé plus d'un million de nègres.

Mais revenons à notre histoire des missions. Après les nouvelles conquêtes de nos officiers, le Père Cambier, supérieur de la maison de Luluabourg, crut opportun de prendre possession des contrées récemment conquises. En juin 1893, il quitte Luluabourg et se rend chez le grand chef Kalala Kafumba, sur la route de Lusambo. Celui-ci désirait depuis longtemps l'arrivée d'un missionnaire. Profitant de ces bonnes dispositions, le Père Cambier fit choix d'un emplacement et confia au P. Garmyn la direction du nouvel établissement qu'il baptisa du nom de Merode-Salvator.

Ce nom rappelle quelle est la généreuse famille belge qui assuma les charges pécuniaires de l'installation.

Poursuivant sa route, l'infatigable P. Cambier se rendit à la station de l'Etat à Lusambo. Une résidence de missionnaires y fut établie sur les bords de la rivière Lubi, navigable jusque là. Ici encore la générosité belge ne fit pas défaut. La mission fut baptisée Hemptine-Saint-Benoit. Enfin une dernière station, fondée à proximité, reçut le nom de Saint-Trudon.

Les succès, aussi rapides que brillants, obtenus jusqu'ici par les Pères de Scheut semblaient assurer définitivement l'avenir de leurs missions, lorsqu'éclata la terrible révolte des soldats de l'État à Luluabourg (juillet 1895).

Respectant l'établissement des Pères, les révoltés se dirigèrent vers l'Est et détruisirent de fond en comble la mission récemment fondée de Merode-Salvator (1).

Mais cette révolte en amena une autre au poste de Mokaba. Cette fois la mission de Saint-Joseph de Luluabourg fut menacée au point que les Pères, les Religieuses et les douze cents néophytes durent s'enfuir.

Pendant une nuit entière et un jour, cette colonne de femmes et d'enfants erra au hasard dans la forêt, jetée

(1) Nous sommes heureux d'apprendre que cette mission sera bientôt réédifiée.

d'alarmes en alarmes par des nouvelles contradictoires, entourée de chefs nègres qui cherchaient à l'égarer ou à la faire tomber dans les mains des ennemis. Enfin après des angoisses indicibles, on revint à la mission. Quelques instants après, elle était attaquée. Mais grâce à l'arrivée de secours, grâce à l'intrépidité du P. Cambier, l'attaque fut repoussée et dès ce moment tout rentra dans la tranquillité.

Aussi le P. Cambier peut terminer ainsi sa dernière lettre : « J'oserais même dire que cette révolte nous a fait du bien. Pour nous, Sœurs et Pères, elle nous a rapprochés de Dieu, nous montrant qu'en Lui seul nous trouverons secours au moment propice. Quant à nos gens, le danger les a rapprochés tout à la fois de nous, qui avons partagé leurs angoisses, et du Dieu puissant, qui les a protégés d'une manière si manifeste. »

Les troubles apaisés, la station de Luluabourg reprit son œuvre d'expansion, les postes te les villages détruits furent reconstruits et à l'heure actuelle plus d'un millier de nègres ont été convertis ou sont catéchisés.

Il nous reste encore un fait à signaler. Les Sœurs de Charité, nous le savons, n'ont pas ménagé leur concours à l'œuvre de l'évangélisation.

Mais malgré toute leur bonne volonté, malgré la multiplication des vocations, il était impossible d'envoyer un nombre de Sœurs suffisant pour seconder les Pères de Scheut dans tous les postes qu'ils avaient créés.

Comme nous l'avons vu plus haut, elles occupent en ce moment Moanda, Kikanda, Berghe-Ste-Marie et Luluabourg. Deux postes importants devaient se passer de leur précieux concours : c'étaient Boma et la Nouvelle-Anvers.

Grâce à l'initiative de Mgr Goossens, le Cardinal-Archevêque de Malines, la maison des religieuses franciscaines de Gooreind (province d'Anvers) résolut de pourvoir à ce besoin.

Une première fois (5 juillet 1896), huit Sœurs franciscaines prirent la route du Congo.

Sauf une seule, qui mourut pendant le voyage, toutes

parvinrent en bonne santé à la Nouvelle-Anvers, où depuis lors elles ont entrepris courageusement de seconder l'œuvre des Pères.

Un second départ de sept Sœurs franciscaines a eu lieu le 6 mars 1897. Elles sont allées occuper le poste de Boma (la capitale de l'État), où leur présence était si nécessaire.

Certes le vicariat apostolique du Congo confié tout récemment à Mgr Van Ronslé, vicaire apostolique du Congo Belge, est immense. Mais si nous considérons le zèle et l'ardeur presque fiévreuse qui mettent les Pères de Scheut ainsi que les religieuses qui les assistent à conquérir ce vaste territoire, nous devons reconnaître que, si l'œuvre semble bien lourde, leur dévouement est à la hauteur des besoins. Dans peu d'années, ils auront des établissements florissants dans tous les districts de leur immense territoire.

* * *

La nécessité de suivre dans notre exposé la marche des événements a détourné notre attention des Pères blancs d'Alger au moment où se fonde l'État Indépendant du Congo et où, sur la demande du Roi et avec l'assentiment du cardinal Lavigerie, le territoire dévolu à ces Pères est définitivement délimité.

Le Provicariat du Haut-Congo est désormais réservé aux missionnaires belges de l'illustre société. Afin de réunir plus facilement les jeunes missionnaires belges, le cardinal décide l'érection en Belgique d'un séminaire apostolique. Il fut fondé en 1884 à Woluwe près de Bruxelles. Les postulants y affluèrent bientôt au point qu'en 1893 on dut le transporter à Malines, où les Pères venaient d'acquérir l'ancien pensionnat de Bruel. Pénétrés, eux aussi, de la nécessité de s'assurer le concours de religieuses, ces Pères blancs décidèrent de s'en adjoindre et dans ce but deux maisons furent créées en 1887 l'une à Lyon, l'autre à Maestricht. Cette dernière a été transférée depuis à Esch près de Boxtel en Hollande.

Aujourd'hui, un grand nombre de ces religieuses desservent déjà les missions Est-Africaines. Quatre d'entre elles sont établies à Baudouinville et nous apprenons que bientôt ce nombre sera augmenté.

D'ailleurs le Vicariat du Haut-Congo avait fait des progrès marquants.

Les deux centres de mission avaient été jusqu'à présent Kibanga (Lavigerieville) et Mpala (résidence du capitaine Joubert). Mais Mpala étant devenu un poste à l'abri de tout danger, le courageux capitaine Joubert le quitta pour descendre vers le Sud, où son action énergique était plus nécessaire et s'y établit. Il appela son village Saint-Louis-de-Mrumbi. En 1892, le Père Roelens y arriva et fonda non loin de là un quatrième centre de mission près de la côte occidentale du lac. Le nouveau poste reçut le nom de Baudouinville en mémoire du sympathique et regretté Prince Baudouin, l'héritier présomptif du trône, que la Belgique venait de perdre.

Enfin quittant pour la première fois les rives de Tanganika les Pères de Beerst et Van Acker vont créer en mai 1896, sur la rivière Lufuko (qui se jette dans le lac à Mpala) le poste de Lusaka. Nous n'avons, dans cet exposé, comme d'ailleurs en ce qui concerne les Pères de Scheut, mentionné que les centres de mission. Mais gardons-nous bien de croire qu'en dehors des cinq villages (1) de Kibanga (2), Mpala, Saint-Louis, Baudouinville et Lusaka les Pères n'aient aucune influence. Bien au contraire, non seulement leur action morale et les prédications s'étendent à plusieurs lieues à la ronde, mais encore ont-ils fondé tout autour de leurs postes principaux des villages entièrement chrétiens, habités par de jeunes nègres, élevés par les missionnaires et mariés par leurs soins. La plupart de ces villages ont même un des Pères comme curé.

---

(1) Bientôt un sixième poste sera érigé par Mgr Roelens entre le Tanganika et le lac Kivu.

(2) Nous apprenons que tout récemment le poste a été abandonné. Les Pères, ayant jugé que les environs de Mpala et de Baudouinville présentaient des conditions de salubrité et de fertilité bien plus grandes, y ont transféré toute la population convertie qui s'était groupée autour de Kibanga.

Quelques chiffres extraits du bulletin mensuel des Pères (mars 1897) donneront une idée plus claire de l'importance de leur œuvre.

Le vicariat apostolique du Haut-Congo, dont le chef Mgr Roelens, vient d'être consacré en Belgique, comprend : Quinze missionnaires, quatre sœurs missionnaires répartis dans quatre stations ;

Treize cent cinq chrétiens baptisés (il ne faut pas oublier que, sauf le cas de danger de mort, les catéchumènes ne sont baptisés qu'après quatre années d'instruction religieuse) et plus de six mille catéchumènes ;

Enfin une école pour la formation de catéchistes indigènes et six orphelinats.

Tel est le bilan des Pères blancs à l'heure où nous écrivons. Puisse leur œuvre prospérer sans cesse et puissent leurs villages se transformer en puissantes communautés chrétiennes et en villes florissantes, d'où bientôt rayonneront sur toute la contrée la civilisation et la foi !

Devant le véritable enthousiasme qui se manifestait pour l'évangélisation du Congo, on pouvait s'étonner, à première vue, de ne pas voir la Compagnie de Jésus s'associer au mouvement général. Mais la raison en était bien facile à saisir.

Ayant à pourvoir à d'innombrables missions aux Indes, en Amérique et en Afrique même, les Pères Jésuites n'auraient vraiment pu penser à un nouvel accroissement de charges. Et cependant il fallait leur concours à tout prix. Le Congo est si vaste que tous nos Ordres ne suffiraient pas pour l'évangéliser entièrement. On avait vu les PP. Jésuites à l'œuvre, on savait que leur zèle intelligent faisait des merveilles ailleurs. Quoi d'étonnant dès lors que Léopold II insistât vivement pour que cet Ordre entreprît l'évangélisation d'une partie de ses vastes domaines ? Un Bref de S. S. Léon XIII donna satisfaction à ces désirs et invita les Pères Jésuites de la Province belge à accepter l'évangélisation des territoires détachés du Vicariat apostolique du Congo Belge et qui porteraient le nom de Mission du Kwango.

Les limites de la nouvelle mission dont le territoire est quatre fois aussi grand que la Belgique sont fixées comme suit :

A l'Ouest, la rivière Inkissi, depuis l'endroit où elle quitte le territoire portugais et pénètre dans l'Etat Indépendant jusqu'au point de rencontre avec le chemin de fer en construction de Matadi au Stanley-Pool, près du village de Mukissantu (Kisantu). Au nord, le chemin de fer jusqu'au fleuve Congo et ce même fleuve jusqu'au Kassaï, puis ce dernier jusqu'aux montagnes qui séparent son bassin de ceux des rivières Kwilu et Djuma ; ensuite ces mêmes montagnes jusqu'à la limite méridionale de l'État. Au sud, la frontière séparant l'État Indépendant des possessions portugaises jusqu'à la rencontre avec l'Inkissi. La Propagande a décidé qu'en outre les deux missions pourraient établir réciproquement sur les territoires de l'une et de l'autre un Sanatorium à l'endroit qui leur conviendrait le mieux. De plus, il est accordé aux Pères Jésuites de la mission du Kwango de fonder une Procure dans le Vicariat de Scheut, par exemple dans un des ports maritimes où les missionnaires en résidence pourront exercer le saint ministère.

Ce Bref était à peine rendu, que la première caravane de missionnaires de la Compagnie de Jésus partait pour sa nouvelle mission (en juin 1892).

Elle comprenait les RR. PP. Van Henexthoven, supérieur, Dumont (décédé en route), Liagre, De Meulemeester, plus trois frères coadjuteurs et deux aides laïcs.

Après une installation provisoire et bientôt abandonnée à Kibanga près de Léopoldville, les Pères transportèrent leur établissement à Kimuenza, village populeux, situé à quatre lieues au sud-est de Léopoldville sur un plateau très salubre.

En novembre 1893, le P. Van Henexthoven alla fonder une seconde station près de l'intersection de l'Inkissi et du tracé de la future ligne du chemin de fer, dans le village de Kisantu. Cette localité reçut le nom de Bergeyck-S.-Ignace en mémoire de son fondateur. En peu de temps, elle prit une extension extraordinaire grâce au grand nombre de villages qui entourent la mission, et à la très grande densité de la population. D'ailleurs, il faut reconnaître que les PP. Jésuites avaient pris une excellente mesure pour étendre leur influence.

Kimuenza — Maison des Pères Jésuites.

Aller instruire, prêcher dans tous ces villages, diriger en même temps les travaux de la mission et surveiller les nombreux enfants rachetés ou leur confiés par l'État était chose impossible. Parmi les négrillons, ils firent un choix restreint d'enfants présentant des dispositions particulières et ils leur donnèrent une instruction soignée.

En deux ans, plusieurs de ces enfants étaient déjà en état d'aider les Pères dans leur œuvre de prédication. En ce moment, les Pères Jésuites ont une vingtaine de catéchistes, qui, sous la vigilante et incessante surveillance des Pères, donnent l'enseignement religieux dans quantité de villages environnants.

L'année suivante, un troisième poste fut établi près du

village de Ndembo. Celui-ci constitue le premier jalon de la série d'établissements que les RR. PP. ont l'intention de fonder depuis le Bas-Congo jusqu'à la rivière Kwango.

Il est situé au N.-E. de Kisantu, près de la source de la rivière Nguvu, affluent de droite de l'Inkissi.

De même que les Pères d'Alger et que la Congrégation de Scheut, les Pères Jésuites s'étaient entendus avec une congrégation de religieuses pour obtenir l'assistance indispensable de Sœurs missionnaires.

Le 6 juin 1895, sept religieuses de la congrégation de Notre-Dame de Namur partaient d'Anvers et allaient s'établir à Kimuenza. Elles commencèrent immédiatement l'éducation des nombreuses petites négresses que les Pères n'avaient pu héberger.

Kimuenza — Maison des Sœurs de Notre-Dame.

En juin 1896, eut lieu un second départ de Sœurs de cette maison. Elles se rendaient à Ndembo, où bientôt elles se trouvèrent à la tête d'une colonie très importante.

Dans une lettre d'une de ces religieuses, citée par *La Belgique coloniale* (n° du 14 février 1897), nous trouvons à ce sujet le passage suivant :

« Vous apprendrez avec plaisir que nous sommes heureuses, bien portantes et parfaitement installées à N'Dembo. Quant à moi, le sommeil et l'appétit ne laissent rien à désirer; l'air à N'Dembo doit être bon, car j'ai ici plus de force et de santé qu'en Belgique. Nous avons des poules qui nous donnent de bons œufs et des chèvres qui nous fournissent de la viande fraîche; puis nous prenons des précautions minutieuses contre les changements subits de température; la joie et le contentement du cœur font le reste. »

Tout ceci nous montre non seulement que les missions des Pères Jésuites sont très prospères, mais encore (qu'on nous pardonne cette réflexion qui sort de notre sujet) que même dans le Bas-Congo, moins salubre certes que le Haut, il se trouve des régions où le climat est aisément supportable.

Actuellement, les Pères Jésuites comptent au Congo sept Pères et cinq Frères coadjuteurs.

Quoiqu'ils soient les derniers venus au Congo, leur œuvre excite déjà l'admiration de tous les voyageurs qui prennent la route des caravanes. Aussi nous croyons ne pouvoir mieux faire que de souhaiter que le domaine de leur intelligente action s'étende de jour en jour et que bientôt tout le bassin du Kwango se ressente de leur heureuse influence.

Telle est, brièvement exposée, l'histoire des efforts tentés par les trois congrégations de missionnaires belges qui se partagent l'œuvre de l'évangélisation de l'État Indépendant du Congo.

Mais nous serions incomplet, si nous ne signalions pas deux initiatives aussi dignes d'admiration que fécondes en promesses. Nous voulons parler de l'établissement des Trappistes belges au Congo et de l'œuvre de Matadi.

C'était une tentative toute nouvelle au Congo que celle que les PP. Trappistes de l'Abbaye de Westmalle avaient bien voulu assumer à la demande du Roi et du Souverain Pontife.

On sait que l'ancienne Gaule et l'ancienne Germanie, si elles subirent l'influence profonde et bienfaisante des missionnaires qui parcouraient le pays semant de tous côtés la bonne nouvelle, furent pourtant redevables aussi d'une grande partie de leur civilisation et de la fondation d'innombrables villes aux couvents qui vinrent s'établir à demeure sur tel ou tel point du territoire.

Instruits par cet exemple du passé, les Pères Trappistes avaient fondé de florissantes abbayes en Algérie, en Australie et en Amérique. Avec la grande expérience ainsi acquise, avec l'énergie et le zèle que donne la foi, ils partirent en 1894 pour le Congo.

Après un essai infructueux dans le Bas-Congo, le Père Joseph, leur supérieur, choisit en juin 1895 un emplacement sur le Haut-Congo, à cinq lieues en amont du confluent de ce fleuve et du Ruki, presque sous l'Équateur.

L'endroit était admirablement choisi au point de vue de la fertilité du sol et en peu de temps les Pères eurent mené à bonne fin la construction en briques de leur nouvelle abbaye et le défrichement d'une grande étendue de terrain. Rappelons à ce propos que le principe des Pères Trappistes est de se suffire à eux-mêmes. Il est hors de doute que d'ici à très peu de temps, grâce à leur activité et à leur habileté, ils y réussissent complètement. Déjà, à peine établis, ils sont parvenus à former parmi les nègres de l'endroit d'excellents artisans, tels que menuisiers, maçons, scieurs de long, etc. Plusieurs départs des Pères Trappistes ont déjà eu lieu et leur abbaye a prospéré sensiblement. Dans une lettre datée de 1896, le Gouverneur général nous apprend qu'il considère l'établissement de Bamania comme appelé à prendre un grand développement.

Puisse sa prédiction se réaliser et puisse l'initiative des Pères Trappistes servir d'exemple à d'autres Ordres !

Il nous reste à dire quelques mots de l'Œuvre de Matadi. Presque tous nos Ordres de missionnaires avaient apporté eur concours à l'évangélisation du Congo. Mgr Stillemans et M. le Comte H. d'Ursel eurent l'idée de faire entrer également le clergé séculier dans le mouvement.

Cette idée, chaleureusement appuyée au Congrès de Malines (1891) par M. le sénateur Lammens et M. le baron Léon Bethune, fut bientôt mise à exécution.

Il s'agissait de pourvoir aux besoins religieux des innombrables ouvriers du chemin de fer du Congo, dont un grand nombre, venant de la côte française, étaient catholiques. Il fallait en même temps desservir la ville naissante de Matadi, tête de ligne du chemin de fer.

A peine la réalisation de cette idée était-elle décidée, que trois prêtres du diocèse de Gand se présentèrent; c'étaient les abbés d'Hooghe, Janssens et Buysse.

Matadi — Eglise.

Ils partirent en 1892, et depuis lors l'œuvre de Matadi a toujours entretenu ses trois prêtres, qui rendent des services inappréciables dans la région du chemin de fer

Ici devrait se clore, semble-t-il, notre exposé de l'œuvre des missions belges au Congo. Nous ne pouvons cependant laisser ignorer l'existence d'institutions destinées à compléter ou à aider cette œuvre.

En tout premier lieu, citons l'intelligente initiative de M. l'abbé Van Impe, qui a fondé à Gyseghem-lez-Alost le florissant institut de St-Louis-de-Gonzague, où sont élevés une soixantaine de jeunes Congolais. Le système de M. l'abbé Van Impe mérite d'être étudié spécialement et nous ne doutons pas que, en donnant à ces enfants non pas une instruction soignée à l'européenne, mais une connaissance sérieuse des arts et métiers, on ne parvienne à former d'excellents artisans qui rendront des services inappréciables en Afrique. Notons d'ailleurs qu'à l'institut de Gyseghem on ne s'applique pas seulement à former de bons ouvriers, mais aussi de fervents chrétiens.

Eglise de Boma.

A côté de cet établissement dirigé avec un zèle et un succès remarquables, nous mentionnerons les œuvres qui ont pour but de pourvoir à l'entretien des hopitaux (telle la Croix Rouge Africaine, qui subsidie l'hôpital de Boma, maintenant occupé par les Franciscaines), ou de fournir aux missionnaires les fonds nécessaires à l'érection de villages chrétiens au Congo.

Puissent-elles se multiplier !

Telle est la brillante efflorescence de cette entreprise sainte et nationale entre toutes, l'évangélisation par nos missionnaires catholiques de l'immense bassin du Congo, qui, espérons-le, deviendra bientôt une seconde Belgique.

Dix-huit postes de missionnaires belges, tous en pleine prospérité et déjà entourés de nombreux villages de nègres chrétiens, cent quinze missionnaires et religieuses desservant ces chrétientés naissantes, tel est le résultat de cette œuvre, commencée il y a à peine dix ans !

Certes la Belgique peut en être fière, fière du dévouement de ses enfants qui n'hésitent pas à sacrifier leur vie pour le salut de ces pauvres nègres, fière aussi de la charité inépuisable de nos concitoyens, qui ne cessent de subvenir aux frais immenses qu'entraîne une action aussi vaste !

NOTE. Au dernier moment, nous apprenons que deux nouveaux Ordres belges vont envoyer des missionnaires au Congo.

Les Prêtres du Sacré-Cœur de Jésus de l'abbaye de Clairefontaine près d'Arlon ont chargé deux Pères de leur maison d'établir un poste près de Stanley-Falls. D'autres membres de cette congrégation suivront. D'autres part, nous apprenons que Mgr Heylen, du couvent des Pères Prémontrés de Tongerloo, s'embarquera prochainement pour le Congo avec neuf religieux de son ordre.

LES MISSIONS PROTESTANTES

Fas est ab hoste doceri.

C'est à l'origine du mouvement en faveur de l'exploration du Congo que nous rencontrons le premier missionnaire protestant : David Livingstone. Ses remarquables voyages, ainsi que ceux de Cameron et de Stanley, éveillèrent l'attention de l'Europe et de l'Angleterre en particulier. C'est là que les appels répétés de Livingstone pour l'évangélisation de l'Afrique équatoriale avaient trouvé un écho : et le jour où Stanley vint révéler qu'un vaste réseau fluvial sillonnait ces régions inconnues, que d'innombrables populations nègres y habitaient, les sociétés de missionnaires anglais décidèrent de se mettre à l'œuvre.

La première de ces sociétés fut la « Baptist Missionary Union » de Londres. Elle était déjà alors (en 1877) dirigée par son secrétaire actuel Dr A. H. Baynes.

Mettant à profit le vif intérêt excité par les découvertes de Stanley, elle ouvrit une souscription pour l'envoi de missionnaires dans le bassin du Congo. Un seul des souscripteurs versa la somme de £ 5,000, soit 125,000 fr. Il n'est pas étonnant qu'avec des ressources aussi considérables l'entreprise réussit, malgré toutes les difficultés qu'on eut à surmonter.

En 1878, les premiers missionnaires arrivèrent à l'embouchure du Congo et établirent deux postes : l'un à Underhill sur le Congo près de Matadi, l'autre à San-Salvador dans l'ancien royaume nègre du Congo, fondé par les Portugais. Cette dernière station est située en dehors des limites de l'État Indépendant, dans le territoire portugais.

Cliché prêté par l'État Indépendant du Congo.

Carte des Missions Protestantes, d'après A. De Haulleville.

Ce n'étaient là que deux points d'appui, comme l'écrit à cette époque le Dr Bentley, un des missionnaires de cette société. « Notre mission à San-Salvador fait des progrès, mais notre but est l'évangélisation du Haut-Congo. »

Mais entre leurs positions du Bas-Congo et le Haut-Congo se trouvait la terrible route des caravanes qui traversait un pays excessivement accidenté et habité par des tribus hostiles. En 1882, après des études et des voyages préliminaires assez longs, le Dr Grenfell quittait définitivement Londres, emportant les pièces détachées d'un steamer destiné à naviguer sur le Haut-Congo.

Pendant que quelques missionnaires s'occupaient de diriger le transport de ce bateau jusqu'au Stanley-Pool, d'autres fondaient en 1884 deux stations intermédiaires : l'une à Gombe Lutete ou Lutoté dans la région des cataractes sur la rive gauche du Congo, et l'autre près de Léopoldville à Kinshassa. Les missionnaires anglais donnèrent à ces deux stations le nom de Wathen et Artington, noms de deux de leurs bienfaiteurs.

Nous avons déjà signalé la générosité de ces protecteurs. Voici une autre preuve de l'importance des ressources dont disposait cette société. A peine établie, leur station de Léopoldville fut incendiée. On estima la valeur des marchandises brûlées à 100,000 fr. ! La perte fut bientôt réparée par une généreuse souscription, et de beaux bâtiments en briques vinrent remplacer les anciens.

Les bases de leurs opérations ainsi solidement assises, les missionnaires de la « Baptist Missionary Union » vont exécuter leur projet qui est d'égrener une longue série de postes depuis le Stanley-Pool jusqu'au Stanley-Falls, tout le long du cours du Congo. Grâce au steamer amené d'Europe et remonté au Stanley-Pool, le Dr Grenfell visita minutieusement tout le cours du Congo jusqu'aux Stanley-Falls, ainsi que quelques-uns de ses tributaires, tels que l'Ubangi, qu'il fut le premier à explorer. Ainsi furent choisis les divers emplacements que la société va occuper successivement. Ce fut d'abord Lukolela (1886) sur la rive gauche du Congo en aval du confluent de ce fleuve et de l'Ubangi. Puis en 1888, Bolobo, également sur la rive gauche du Congo entre Léopoldville et Lukolela. En 1890, les deux postes de Mosembi chez les Bangalas et de Bopoto (Upoto), à 600 kilomètres au delà de la station précédente.

Enfin l'infatigable Dr Grenfell, remontant toujours davantage vers les Stanley-Falls, établit sa résidence à

Mojembi, récemment abandonnée pour Jakussa, à quelques lieues de la station de l'État aux Stanley-Falls. Disons que ces progrès rapides furent principalement dus aux facilités de communications dont disposait cette société. A son premier steamer *Peace* était venu s'en joindre un second, beaucoup plus grand, baptisé *Goodwill*. Ainsi le ravitaillement, question essentielle au Congo, se faisait aisément et rendait possible ces établissements lointains.

Nous ne parlerons pas ici du développement de chaque station ni des résultats spirituels obtenus. Comme ils sont à peu près les mêmes pour tous les postes fondés par les protestants au Congo, nous les résumerons à la fin de cette partie de notre étude. Disons cependant que quelques membres de cette société se sont distingués particulièrement dans l'accomplissement de leur tâche. Tels le Dr Grenfell, qui s'est fait remarquer par ses découvertes géographiques et dans les nombreuses missions dont il a été chargé par l'État ; le Dr Bentley, qui, après une étude attentive de la langue du Bas-Congo, en a publié un dictionnaire et une grammaire très estimés.

Remarquons enfin qu'au moment où nous écrivons la société compte dans l'État Indépendant proprement dit trente-neuf missionnaires (1).

Il faut comprendre dans ce chiffre un certain nombre de dames, qui ont accompagné leur époux dans ces régions et lui fournissent une aide fort efficace. Plusieurs d'entre elles résident depuis des années au Congo et y ont même eu de nombreux enfants. Nouvelle preuve que le climat, dont on a tant médit, n'est pas si funeste quand on sait prendre les précautions nécessaires !

Nous avons dit que lors du retour de Stanley de son premier voyage au Congo, deux sociétés de missionnaires anglais décidèrent d'entreprendre l'évangélisation des terres nouvellement découvertes. Nous avons exposé l'action de

(1) *Congo for Christ*, Rév. J.-B. Myers.

la première la « Baptist Missionary Union ». La seconde fut la « Livingstone Inland Mission ». Elle avait pour but, comme son nom l'indique d'ailleurs, d'envoyer des missionnaires dans le Haut-Congo (Livingstone étant le nom qu'on avait voulu donner à ce fleuve). Cette société également baptiste était dirigée par le Dr H. Grattan Guinness de Londres et elle fut au bout de quelque temps annexée à une institution puissante « Harley House », sorte de séminaire où se préparent les jeunes gens qui se destinent aux missions.

Moanda — Sœurs de Charité de Gand.

La remarquable générosité des Anglais à l'égard de leurs missions se manifeste ici encore. La « Livingstone Inland » eut bientôt, elle aussi, un steamer le *Henry Reed*, naviguant dans les eaux du Haut-Congo.

De 1870 à 1884, six stations furent fondées dans le Bas-Congo. En 1884, la « Livingstone Inland Mission » se fusionna avec la société américaine la « American Baptist Missionary Union ». Celle-ci pénétra davantage à l'intérieur du Continent où de nouveaux établissements furent fondés. Cette puissante association, dont le siège est à

Boston (États-Unis d'Amérique), possède actuellement dix stations : dont six dans le Bas-Congo (rive gauche), Matadi, Palaballa, Lukungu, Kinjila, Banza Manteka et Léopoldville (1), et quatre sur le Haut-Congo : Bolengi (Équateur), Irebu (confluent du Congo et de l'Ubangi) Koko (lac Tumba) et Bwomba (confluent du Congo et du Kassaï).

Des rapports dignes de foi signalent les succès réels obtenus à Lukunga et à Banza-Manteka. Quarante-six missionnaires des deux sexes sont entretenus par l'« American Baptist ». Un nombre à peu près égal de catéchistes indigènes sont répandus dans les villages environnants. Tandis que les deux sociétés dont nous venons de parler se sont établies dans le Bas-Congo sur la rive gauche, trois autres se sont partagé la rive droite. Ce sont : l'« International Missionary Alliance », le « Bishop Taylor's self Supporting Mission » et la « Mission Suédoise ».

L'« International Missionary Alliance » est la plus riche de toutes. Son siège social est à New-York, d'où périodiquement partent de forts contingents de missionnaires et sont envoyées d'importantes sommes d'argent pour les soutenir. Par un accord avec les autres sociétés protestantes, l'« International Missionary Alliance » s'est réservé la contrée la plus fertile du Bas-Congo, le Mayumbe.

Elle s'étend entre le Congo (au sud), la rivière Tombe (à l'est) et les limites de l'État (au nord et à l'ouest).

Leurs postes, au nombre de huit, sont les suivants : *Boma*, *Vungu*, *Kiama*, *Maduda*, *Ngangila*, *Luali*, *Djema*, Kikonzi. Un grand nombre de missionnaires occupent ces stations (2). Il est à remarquer qu'ils dirigent plusieurs écoles très florissantes et qu'ils ont établi de très vastes plantations de caféiers.

(1) Cette station est dirigée par le Révérend Dr Sims, qui y réside depuis plusieurs années et s'est acquis l'estime et la reconnaissance de nombreux Européens, à qui il a rendu de signalés services.

(2) Le bulletin de la Société indique le chiffre de cinquante-huit missionnaires des deux sexes. Ce chiffre nous paraît exagéré. Nous croyons cependant savoir que bientôt un très fort contingent de missionnaires de cette société arrivera au Congo et alors le nombre sera bien supérieur à cinquante-huit.

La « Svenska » ou « Swedish Mission » (mission Suédoise), avec des ressources bien inférieures, mais une activité et un dévouement peut-être supérieurs, a réussi à fonder depuis 1882 quatre stations très prospères sur le Bas-Congo : Mukibungu (sur la rive gauche), Kibunzi, Diadia et Nganda (sur la rive droite). De plus un membre de la Société est établi à Matadi où il dirige les transports.

De tous les missionnaires protestants, ce sont les Suédois qui, à notre sens, ont obtenu les plus beaux résultats. Ils ont réussi à former, grâce à une sélection rigoureuse, une vingtaine de catéchistes indigènes. Ceux-ci, après avoir fait sur place des études très développées, sont allés s'établir dans les villages entourant les quatre postes et déjà ils réalisent les espérances que leurs maîtres avaient placées en eux.

A côté de ce succès, signalons un échec : celui de la « Bishop Taylor's self Supporting Mission ». Nous empruntons à un article de *La Belgique coloniale* le passage suivant, qui nous décrit cette entreprise :

« Mission américaine, elle a tenu à annoncer sa création par une réclame formidable, des projets à sensation dignes des Yankees. L'arrivée de ces missionnaires au Congo devait bouleverser toutes les idées admises jusque là et la conquête du centre africain n'était pour ces nouveaux venus que jeu d'enfants. Ils devaient apparaître sur le Stanley Pool à bord d'un vapeur aux formes fantastiques, éclairé à la lumière électrique. Par les rayons projetés la nuit sur les villages, on devait croire à l'arrivée d'un bateau-soleil, qui supprimerait la nuit et donnerait aux pauvres noirs le soleil permanent, c'est-à-dire la lumière et la chaleur perpétuelles. Ce devait être un bien grand et puissant féticheur que celui capable de réaliser tous ces prodiges ! Et « Bishop Taylor » ne tarderait pas à être considéré bientôt comme l'émule de Dieu lui-même.

« Et pour transporter cet immense vaisseau, qu'importaient les montagnes et les profondes vallées du Congo, puisque, dans sa toute-puissance, l'évêque avait eu soin de créer une locomobile, qui, une fois sous vapeur, traînerait le pondéreux matériel en droiture vers Léopoldville !

» A ces rêves succéda bientôt la réalité. Le vapeur débarqué à Vivi ne quitta jamais la rive de plus de dix kilomètres et la locomobile ne put se traîner elle-même !

» Les missionnaires arrivés en 1886 au nombre de vingt-quatre, sous la conduite de l'Evêque Taylor, furent bientôt décimés par les privations et la mort ; quelques-uns rentrèrent dans leur patrie, d'autres enfin vécurent misérablement et ne purent jamais acquérir aucun ascendant sur les populations ! »

Des nombreux postes qu'ils fondèrent, ils n'en possèdent plus aujourd'hui que trois : Ntombe, Vivi et Isanghila.

Signalons enfin *last not least*, la «Congo Balolo Mission». Nous avons vu que le Dr Grattan Guinness, après avoir fondé la «Livingstone Inland Mission», en remit la direction à l'« American Baptist » (1884). Mais ce n'était pas pour se désintéresser des missions du Congo.

En 1889, il créa une nouvelle société la « Congo Balolo Mission », qui avait pour but l'évangélisation de la grande tribu des Balolos (sur le Haut-Congo), qu'on estime comprendre plusieurs millions d'individus. Elle est répandue sur l'immense contrée — cinq fois plus vaste que l'Angleterre — qui est arrosée par six grands tributaires du Congo : les rivières Lulanga, Lopori, Maringa, Ikelemba, Juapa et Bosira.

La « Congo Balolo Mission » a fondé jusqu'à présent six stations, dont deux dans le Bas-Congo à Matadi et à Lukunga, et quatre chez les Balolos : Lulanga, Bongenda, Ikau et Bongandanga. Comme toutes les sociétés de missions protestantes, celle-ci possède un steamer *Pioneer* assurant le ravitaillement des vingt-sept missionnaires qu'elle subsidie. Grâce à l'activité de ses membres directeurs, grâce surtout à une incessante propagande en Angleterre et aux abondantes ressources qui en résultent, tout le pays des Balolos sera bientôt, on n'en peut douter, parsemé de postes de ces missionnaires anglais.

Pour être complet, il nous reste à signaler l'« American Presbyterian Congo Mission », qui entretient un missionnaire à Luebo sur le Lulua affluent du Kassaï ; la mission presbytérienne écossaise d'Arnot qu'on nous signale comme possédant une station dans le Katanga et les « Seventh day Baptist » sans poste connu. En résumé, 41 établissements, 4 bateaux à vapeur et plus de 200 missionnaires (1), chiffres éloquents qui permettent de juger des efforts faits par les protestants anglais, américains et suédois pour conquérir les populations nègres au protestantisme ! On comprend que, pour soutenir cette œuvre immense, de grandes sommes soient nécessaires, d'autant plus que les missions protestantes sont généralement établies avec un confort tout à fait remarquable.

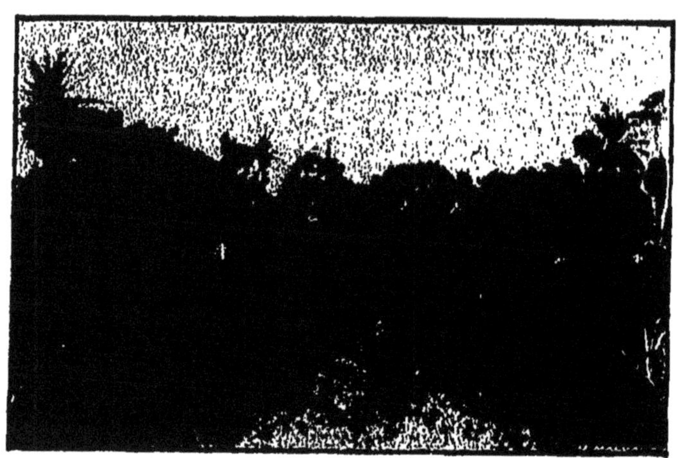

Bergeyck-St-Ignace (*Kisantu*) — Maison des Pères Jésuites.

Nous croyons intéressant de donner ici quelques exemples

(1) Le rapport adressé récemment par le Secrétaire d'État M. van Eetvelde au Roi Souverain donne le chiffre de 108. Nous croyons que depuis ce relevé le nombre s'est considérablement accru.

Dans le livre publié par l'État du Congo à l'occasion de l'Exposition, M. le baron de Haulleville indique le chiffre de 221 missionnaires des deux sexes.

de la générosité des riches protestants et de montrer l'importance des ressources de leurs missionnaires.

A l'issue d'un grand meeting tenu il y quelque temps par des membres de l'« International Missionary Alliance », les assistants souscrivent la somme de 100,000 dollars, soit 500,000 francs.

Lors de la fondation de la « Baptist Missionary Society », un seul donateur versa 5,000 livres, soit 125,000 francs !

La « Congo Balolo Mission », dans une petite brochure publiée récemment, estime que ses dépenses s'élèvent annuellement à 20,000 livres ou 500,000 francs !

Nous pourrions multiplier les citations et montrer que plusieurs millions de francs sont versés annuellement par les protestants américains, anglais et suédois pour l'entretien de leurs missionnaires au Congo. Nous estimons que cette abondance de largesses, cet afflux de millions est dû surtout à l'ingénieux système de propagande suivi par les diverses sociétés dans leur pays. Nous terminerons notre exposé par quelques détails à ce sujet.

Remarquons tout d'abord que cette propagande prend un véritable caractère de « réclame ». Ce que nous avons dit plus haut de l'Évêque américain Taylor suffirait pour le prouver. L'Anglais considère l'extension de sa religion non seulement comme une chose méritoire devant Dieu, mais encore comme une affaire très profitable à l'accroissement de son influence et de son commerce. La propagation de la foi est une entreprise religieuse et nationale à la fois. A côté du croyant fervent, on voit l'homme d'affaires — qui dans nos pays ignore les missionnaires — soutenir vivement leurs sociétés et leur prêter le concours de son expérience et même de sa bourse.

Tout d'abord et de même que nos sociétés catholiques les protestants ont des revues qui tiennent leurs abonnés au courant des dernières nouvelles.

Mais tandis que les catholiques se contentent en général de ce moyen de publicité, les protestants ont compris que nombre de personnes hésitent à s'abonner à ce genre de périodiques, soit à cause de l'importance de la somme à verser en une fois, soit à cause de l'intérêt secondaire qu'ils présentent pour elles.

C'est en vue d'agir sur cette catégorie de lecteurs que l'Anglais a inventé la brochure et son diminutif le « tract ».

La brochure est toujours imprimée sur beau papier, abondamment illustrée et vendue à un prix dérisoire. Inutile de dire qu'elle est tirée à un grand nombre d'exemplaires et qu'elle figure aux étalages de tous les libraires et marchands de journaux.

Les *tracts*, qui ont souvent la dimension d'une enveloppe à lettre ordinaire et ne contiennent que de 4 à 8 pages, sont distribués gratuitement. Nous apprenons que les zélateurs les achètent en grande quantité et les insèrent dans toutes les lettres qu'ils écrivent, commerciales ou autres. Ces petits écrits développent ordinairement un point spécial, exposent un besoin nouveau de la société et tiennent en éveil l'intérêt d'un nombreux public.

Enfin pour ceux à qui suffit la lecture de leur journal quotidien, le missionnaire protestant sait forcer leur attention en envoyant de temps en temps à ces journaux de courtes mais vives descriptions de l'œuvre accomplie.

Elles sont toujours insérées avec un empressement visible et mises en bonne place parmi les matières intéressantes.

Reste le public qui ne lit pas ou celui que la lecture ne peut émouvoir.

Alors on a recours au meeting. Nombreuses sont les réunions de ce genre tenues dans les plus grandes salles de Londres et de New-York par des missionnaires « retour du Congo » et l'affluence extraordinaire qu'ils attirent chaque fois prouve l'intérêt pris par le peuple à tout ce qui concerne ces missions.

D'ailleurs bien souvent ces conférences sont agrémentées de projections lumineuses qui mettent sous les yeux du public la réalité toute saisissante et qui permettent de juger sans effort des résultats obtenus et des besoins à secourir. Nous avons vu plus haut un exemple de l'effet produit par un meeting de ce genre.

Matadi — Intérieur de l'église.

De pareils moyens de propagande ne sont-ils pas infiniment plus efficaces, que les nombreuses petites fêtes, représentations, concerts, conférences, que dans notre pays on donne au profit des missions et dont les frais absorbent généralement des sommes importantes?

La plupart des sociétés de missionnaires protestants jouissent de la personnification civile. C'est encore pour elles un précieux élément de succès et un moyen d'acquérir de grandes richesses.

Outre les nombreuses donations que provoquent les meetings et les publications dont nous venons de parler, il faut encore signaler pour être complet celles qui sont dues à l'action de deux moyens puissants, mais difficiles à faire admettre dans notre pays. Les sociétés distribuent des formules de testament toutes faites. Il suffit de remplir les blancs, pour léguer à la société telle somme d'argent ou tel immeuble désigné. On comprend aisément l'efficacité du procédé.

Le moyen suivant donne des résultats encore plus favorables. La société accepte des sommes d'argent en échange d'un faible intérêt servi au prêteur jusqu'au jour de sa mort.

Le bulletin de l'« American Baptist » explique ainsi l'utilité de cette mesure : « Si vous voulez être votre propre exécuteur testamentaire, la « Missionary Union » acceptera toujours les sommes que vous voudrez lui donner et elle payera un intérêt modéré pendant la vie du donateur.

» Des testaments sont souvent annulés et les legs perdus pour les sociétés de missionnaires. Donnez votre argent à la « Missionary Union » pendant votre vie et si vous en avez besoin, faites un contrat qui vous assure un revenu viager. »

Le procédé est aussi ingénieux que profitable. Il a contribué pour une grande part à la rapide extension de l'occupation protestante au Congo.

Ainsi organisés les missionnaires protestants ont accompli au Congo des progrès remarquables et leur propagande s'étend avec une rapidité sans cesse croissante. Déjà ils ont créé des villages entiers qui suivent leurs doctrines et ils ont réussi à former des catéchistes indigènes qui les assistent dans leurs prédications.

On aurait donc tort de ne pas s'occuper de cette action aussi énergique que productive et de ne pas s'inquiéter des résultats qui apparaîtront bientôt avec une évidence frappante. N'oublions pas que toutes ces stations protestantes sont autant de foyers d'une propagande dirigée par des hommes étrangers à notre patrie et à notre foi !

CONCLUSION

Après ce double exposé, que nous nous sommes efforcé de faire aussi exact et aussi impartial que possible, il nous reste à nous demander ce qu'il faut conclure de ce parallèle, quelle leçon, nous Belges, nous catholiques, nous pouvons tirer de l'étude de nos propres missions et surtout de l'examen de la propagande protestante dans l'État Indépendant du Congo.

La pensée qui, depuis longtemps déjà, se sera présentée à l'esprit du lecteur et qui résume en quelque sorte tout ce que nous pourrions dire sur le sujet est celle-ci : Les catholiques ont fait beaucoup de choses, ils n'ont ménagé ni leurs hommes ni leurs biens, mais les protestants ont, il faut le reconnaître, envoyé plus de missionnaires et surtout ils ont consacré plus d'argent à l'extension de leur influence.

Hâtons-nous d'ajouter cependant, et certes la chose n'étonnera personne, que si les ressources des protestants en hommes et en argent sont de beaucoup supérieures à celles des catholiques, les résultats obtenus semblent plutôt en faveur des catholiques. Ceux-ci certes occupent beaucoup moins de postes, mais là où ils se sont établis ils ont bientôt conquis l'affection des populations, ils en sont devenus les véritables chefs et les zélés protecteurs. Témoin le Père Cambier, qui, dans sa station de Luluabourg, est considéré comme une sorte de patron, de suzerain par tous les chefs des environs. Une difficulté surgit-elle entre eux et l'État, aussitôt ils accourent à la mission, sûrs qu'ils sont de trouver dans le Père un protecteur dévoué et infatigable.

Nous disions que les missionnaires protestants n'acquièrent guère cet ascendant sur les populations. Quelle en est la cause? Indépendamment de la force surnaturelle qui accompagne et soutient notre missionnaire catholique dans ses plus dures épreuves et qui lui donne un courage et un zèle surhumains, nous signalerons ce fait que, pour lui, les missions ne sont pas une position sociale, mais un dévouement, un martyr prévu et accepté d'avance et dont le salut éternel est la récompense immédiate.

N'Dembo — Travaux de défrichement.

En est-il de même du missionnaire protestant? Certes nous n'affirmerons pas que partout et toujours le missionnaire soit un vulgaire marchand, que pour lui l'œuvre de Dieu ne soit que secondaire et qu'il n'ait qu'un but : s'assurer après quelques années de mission de plantureux bénéfices dans la mère-patrie.

Mais nous pouvons dire sans aucune injustice que le missionnaire protestant n'a pas pour seul et unique but le service et les intérêts de la Foi. N'a-t-il pas toujours l'intention bien arrêtée de rentrer dans sa patrie après quelques années de mission? N'a-t-il pas très souvent des préoccupations du chef de sa femme et de ses enfants qu'il doit entretenir et pourvoir d'une position sociale honorable? Ne voit-on pas très souvent le missionnaire se livrer au commerce pour augmenter le patrimoine de ses enfants?

Nous extrayons d'une brochure publiée par un pasteur protestant (1) les phrases suivantes, qui, malgré leur modération apparente, confirment ce que nous disons : « En général, il y a abstention totale de complications industrielles et commerciales ; quelques missions font exception à la règle et n'en retirent qu'un avantage douteux. »

Et plus loin : « Les désavantages des missions protestantes sont le manque de vie consacrée, le chiffre plus élevé des dépenses, le devoir envers Dieu sacrifié aux obligations qu'impose la vie domestique, le culte de la volonté individuelle au lieu de l'obéissance absolue à un chef compétent. »

Cependant, à côté de cette infériorité réelle, on constate, nous le faisions remarquer plus haut, une supériorité non moins réelle : celle du nombre de missionnaires et celle des ressources. Et nous ne sommes pas éloigné de croire que, à envisager la situation dans son ensemble, cette supériorité compense largement l'infériorité que nous avons signalée.

Tâchons de comprendre clairement la signification de ce fait.

Pourquoi y a-t-il tant de missionnaires protestants au Congo ?

Tout d'abord n'oublions pas qu'ils sont arrivés bien avant les missionnaires catholiques, du moins dans l'État Indépendant proprement dit, et à part l'exception mentionnée des Pères blancs à l'extrême Est.

Dès avant la découverte de Stanley, les protestants

(1) *Occupation de l'Afrique par les missionnaires chrétiens.* R.-N. Cust Genève.

avaient attaqué le bassin du Congo et il s'en fallut de peu que leurs tentatives hardies ne réussissent à accaparer tout le bassin au profit de leur patrie.

Qu'on se rappelle les voyages de Livingstone, qui parcourut une grande partie du centre de l'Afrique.

D'autres protestants, tels que Grenfell et l'évêque Taylor, parcouraient le Congo avant la constitution de l'État Indépendant et agitaient déjà à Londres et à New-York la question de l'évangélisation de ces contrées nouvellement découvertes. Ce ne fut pas sans succès, nous l'avons vu.

Il ne sera pas inutile de remarquer que les Américains et les Anglais ont l'esprit beaucoup plus entreprenant que les Belges. Redoutant moins les climats, que d'ailleurs ils connaissent mieux, ils se sont plus facilement décidés à envoyer leurs missionnaires sous l'Équateur africain. Mais un second élément de succès, et non le moindre, fut l'abondance de ressources matérielles dont disposaient les missions protestantes.

L'Amérique et l'Angleterre possèdent des milliardaires qui donnent généreusement, surtout quand leurs intérêts commerciaux sont d'accord avec leurs intérêts religieux. Tel était sans doute ici le cas. Les millions affluèrent : nous en avons apporté des preuves.

Il n'est pas étonnant d'ailleurs que, vu leur importance territoriale, les États-Unis et l'Angleterre aient pu, réunis, apporter un concours plus puissant que notre petit pays. On se rappellera en effet que c'est à notre pays qu'incombe uniquement la charge de fournir les missionnaires catholiques au Congo et de pourvoir à leur entretien. Ajoutons enfin la savante organisation de leur publicité, et ces causes combinées nous donneront l'explication du fait que les ressources ne manquent jamais aux missionnaires protestants.

Et nos missionnaires catholiques qu'ont-ils à opposer à tous ces avantages ?

Peu de chose, il faut l'avouer. Leur seul moyen de propagande est la publication d'un petit recueil hebdomadaire ou mensuel, qui, en général, est très peu répandu.

Peut-être pourrait-on faire de plus grands efforts pour répandre ces utiles publications.

En somme, répétons-le, les missionnaires catholiques n'ont ni meetings, ni brochures sensationnelles, ni le puissant appui de la presse quotidienne.

Il y a là certes une infériorité réelle, un manque d'organisation auquel il serait facile de remédier. Il ne suffit pas que quelques familles profondément catholiques et d'une charité inépuisable soient tenues au courant du progrès de nos missions, le peuple tout entier doit en avoir connaissance, sa charité doit être sollicitée ; en un mot, l'œuvre doit devenir vraiment nationale. Et qu'on ne m'objecte pas qu'il se fait des collectes pour la propagation de la Foi : c'est insuffisant ! Le peuple désire voir nos missionnaires à l'œuvre et être instruit de leurs besoins, avant de les soutenir de ses deniers. C'est dans ce but que nous avons écrit cette petite brochure, non avec la prétention de réaliser parfaitement ce desideratum, mais avec l'espoir que cet essai, quelque incomplet qu'il soit, ouvrira la voie à des écrivains mieux doués et à des publications plus intéressantes.

Nous avons montré l'efflorescence des missions tant catholiques que protestantes au Congo, et comparé leurs moyens d'action. Maintenant, une question se pose, pressante :

Faut-il se féliciter de cette double extension, de ce progrès d'une religion que nous considérons comme hérétique à côté de la seule véritable religion de l'Église de Jésus-Christ ?

Pouvons-nous dire avec certains indifférents : « Félicitons-nous que les missionnaires protestants arrivent en grand nombre, ce sera toujours autant de gagné pour la civilisation. »

Problème essentiel, digne de toute notre attention ! Pour le résoudre, il faut l'envisager à la fois sous ses deux aspects : l'aspect religieux et l'aspect politique.

Disons tout d'abord que, en conformité avec les théories

de droit public admises actuellement, le traité de Berlin, dans un de ses articles, a stipulé la plus grande liberté et l'égalité la plus complète au point de vue religieux tant pour les blancs que pour les nègres.

Nous ne songeons pas actuellement à critiquer cette disposition et nous croyons que, puisqu'elle existe, l'État doit la respecter et l'observer fidèlement.

Mais les catholiques belges ne sauraient regarder sans appréhension la propagation de doctrines qu'ils considèrent comme fausses; ils doivent redouter l'arrivée de ces missionnaires, qui servent non seulement une autre religion, mais encore une autre patrie.

Qu'il nous soit donc permis de faire ressortir ici les dangers que présentent pour le Congo les missions protestantes. Nous craindrions d'être injustes et de paraître guidés par une pensée de haine religieuse, en disant que les missionnaires protestants jouent un rôle plutôt politique et commercial que religieux. Et cependant la chose est trop fréquente et trop évidente pour qu'on puisse en douter.

Faut-il nous appuyer sur les leçons de l'histoire d'un grand nombre de colonies ou rappeler des événements récents pour montrer qu'un grand nombre de missionnaires protestants oublient que le royaume de leur Maître n'est pas de ce *monde*?

Nous ne pouvons nous empêcher de citer à ce propos une page du livre publié par M. Edm. Picard (1). Elle exprime mieux que nous ne saurions le faire les idées les plus répandues à ce sujet: parlant des dames qui se trouvaient à bord du navire lors de son voyage au Congo, il dit :

« Des dames, oui, spécialement de ces missionnaires que la prévoyante Albion frête pour devenir les compagnes, en pays hors commerce, des utiles agents religieux et commerciaux qu'elle expédie partout en éclaireurs,

(1) *En Congolie*, par Edm. Picard.

en commis voyageurs, en propagandistes et, ajoutent les langues vipérines, en mouchards.

« Le Congo n'a pas échappé à ces termites infatigables. Un plaisant résumait curieusement leur lent travail de rongeurs : il s'agit, me disait-il, de préparer les nègres à la conquête indirecte par les idées et le commerce anglais. Pour cela, « ces honnêtes courtiers » colportent des cartes de la Terre où une teinte rouge presque universelle marque la soi-disant domination de l'Angleterre, tandis que quelques petits coins noirs désignent les territoires mesquins des autres nations. Au dos, un portrait de la vieille reine, dont vous connaissez la figure et la tournure, sous les traits superbes d'une Minerve calme, la lance à la main ; tout autour, une série de visages, à l'aspect grognon et muffles que représentaient les autres souverains, enguirlandant comme des feudataires l'Impératrice du monde. Des « clercs » noirs sont chargés de distribuer cette étrange composition aux naturels en leur expliquant qu'il n'y a qu'une vraie langue, l'anglais, et que les autres ne sont que des patois, qu'il n'y a qu'un drapeau, le britannique, et que les autres sont des mouchoirs dont la vraie destination est de rester en poche. L'apologue est symboliquement fort exact quoique de fantaisie, je suppose. Il n'est pas superflu d'ajouter que l'apostolat religieux de ces rares apôtres est souvent au niveau de leur mission politique. »

Cette appréciation de l'œuvre des missionnaires protestants dans la bouche de M. Picard mérite d'être retenue. Elle nous montre d'une façon fort énergique sans doute, mais fort exacte, combien pernicieuse est l'action de ces « agents politiques » dans des États ou colonies étrangères.

Hâtons-nous cependant d'ajouter que si un grand nombre de missionnaires protestants méritent ces critiques violentes, un certain nombre d'autres sont dignes qu'on rende hommage à leur tact et à leur honnêteté politique.

Il y a quelques années, des missionnaires anglais avaient

rapporté en Europe le bruit que les agents de l'État maltraitaient les nègres.

Le R^d M. Grenfell fut le premier à protester et à adresser une lettre au Gouverneur général dans laquelle il disait que, pour sa part, il considérait ces bruits comme absolument faux. Le Dr Guinness écrivit dans le même sens. Nous signalerons également la belle conduite du Dr Sims de Léopoldville qui montre la plus grande prévenance vis-à-vis de tous les Européens et même vis-à-vis de nos missionnaires catholiques, à qui il a rendu plus d'un service.

Malgré ces exceptions, il n'en est pas moins vrai que les missionnaires anglais restent anglais avant tout et que, de propos délibéré, par la force même des choses, ils aident puissamment à l'expansion britannique.

Citerai-je, enfin, ce fait rapporté par un missionnaire belge, que, dans tout le Bas-Congo le « mundella inglese » (le blanc anglais) était parfaitement distingué des autres blancs, que les noirs avaient une notion très claire de sa supériorité et surtout de la supériorité des marchandises anglaises ?

Bref, tous les *témoignages concordent* à établir que l'action de ces missionnaires est non seulement contraire aux aspirations religieuses des Belges, mais encore à leurs intérêts politiques et commerciaux.

Quant à leurs intérêts religieux, est-il nécessaire d'en parler ? Est-il besoin de dire qu'il est regrettable pour nous catholiques de voir plus de deux cents missionnaires protestants établis dans *quarante* postes, alors que nous-mêmes en avons à peine installé une quinzaine ?

Dirons-nous que nous n'en pouvons rien, qu'il n'est pas en notre pouvoir d'arrêter les protestants ? Certes, nous ne pouvons pas directement entraver leur action, mais ce que nous pouvons faire, c'est les prévenir en tout et partout, c'est nous hâter de multiplier nos stations et nous assurer de tous les postes en quelque sorte stratégiques, afin de faire rentrer dans notre sphère d'influence le plus de populations possible.

Et cet effort vigoureux et prompt, il faut que la Belgique

le fasse ! Oubliera-t-elle qu'à la face de la catholicité entière elle a réclamé et assumé la tâche d'évangéliser le Congo ?

Elle porte tout le poids de cette responsabilité. Si les catholiques étrangers ne peuvent y envoyer leurs missionnaires, la Belgique est obligée de faire à elle seule ce que toutes les nations catholiques réunies auraient pu faire : Conquérir à la vraie foi plus de vingt millions de nègres !

Notre patrie faiblira-t-elle dans cette entreprise ?

Matadi — Presbytère et église.

C'est la question dont nous laissons la solution à nos jeunes prêtres et aux âmes généreuses.

Mais n'oublions pas qu'un jour Dieu leur demandera compte de leur indifférence ! Si nous laissons passer ce moment où tout n'est pas encore perdu, si nous permettons à la propagande des protestants de s'étendre, ne serons-nous pas responsables de la perte de ces millions de nègres, qu'un peu plus de charité ou de dévouement aurait sauvés?

Et, songeons-y bien ! Il faut agir vite, immédiatement et vigoureusement. Déjà le Bas-Congo est couvert de postes protestants et leur influence augmente tous les jours.

Jetons un coup d'œil sur la carte de ce vaste bassin du Congo. Nous avons nos missionnaires dans le Bas-Congo. Nous en avons dans le Congo moyen. Nous avons des postes extrêmes à la Nouvelle-Anvers et à Luluabourg et Lusambo. Mais au delà ? Rien ! Dans le Manyema définitivement délivré des incursions des Arabes ? Rien ! Et cependant cette région est grande comme la France. Plus d'un million de nègres l'occupent. Et pas un missionnaire catholique !

Et le Katanga, cette contrée si fertile que dès maintenant tous considèrent comme le véritable noyau de notre future colonie ? Sur ces hauts plateaux où la vie de l'Européen est beaucoup plus facile que partout ailleurs? Toujours rien ! Y serons-nous encore devancés par les protestants ? De tout temps, les enfants de la Belgique ont compris et suivi la parole du Maître : «Allez et enseignez toutes les nations ! » Oui vraiment nos missionnaires ont enseigné à toutes les nations ! L'Amérique du Sud, l'Afrique Orientale, les Indes et la Mongolie sont là pour en témoigner. Partout des chrétientés florissantes, des peuplades entières doivent la foi et le salut au dévouement des Belges.

Jusqu'ici, nous n'avions aucune préférence pour telle ou telle contrée. Partout où il y avait des païens à convertir, notre missionnaire se rendait sans autre souci que d'accroître le royaume de Dieu. Mais à présent — on aurait tort de ne pas le reconnaître — les circonstances sont changées. Il est désormais une contrée, dont la superficie égale 80 fois celle de notre Belgique, qui nous est spécialement et exclusivement confiée. C'est à nous qu'est dévolue la lourde tâche de lui donner une organisation politique et de la rattacher au monde catholique.

Aussi faut-il que tous nos efforts portent sur ce centre africain. Ici notre devoir s'allie avec notre intérêt. D'ailleurs il est une autre raison non moins décisive qui poussera nos missionnaires à l'évangélisation du Congo. Ne savons-nous pas qu'il y a là, dès à présent, des centaines de jeunes Belges qui résident dans les postes de l'État ou dans les factoreries des sociétés commerciales ? Bientôt peut-être il y en aura des milliers.

Eh bien, ne nous tiennent-ils pas tout particulièrement à cœur ces hommes vaillants qui fondent là-bas pour la Belgique un empire colonial que déjà toutes les nations nous envient ?

N'avons-nous pas vu tous ces Belges être heureux de l'arrivée des Pères, les entourer de prévenances et aller jusqu'à leur construire une habitation de leurs propres mains ?

Sachons reconnaître l'absolue nécessité d'étendre sans cesse et rapidement notre action religieuse au Congo. Des millions de nègres, des centaines de Belges nous appellent : *restera-t-on sourd à leur voix ?*

Que tous ceux qui ont une obole à donner, donnent ! Certes la charité chrétienne est sollicitée de toutes parts, mais n'a-t-on pas dit qu'elle est inépuisable ? Que les grandes familles suivent l'exemple donné déjà par les plus illustres d'entre elles et fondent des villages entiers. Ils porteront leur nom et, chose bien plus précieuse, tous les jours ce nom sera béni par des milliers de noirs arrachés à la barbarie.

Que de bourses plus modestes se délient et laissent, elles aussi, tomber leur offrande pour les missionnaires. Et surtout n'oublions pas que les besoins sont grands, que les longs voyages, les établissements, quelque pauvres qu'ils soient, coûtent cher. Et voici encore un genre de charité à la portée de tous : Parlons des missions du Congo ; parlons-en à tout le monde, faisons-en connaître la situation et les besoins.

Nous y intéresserons nos compatriotes et nous aurons part au mérite de leurs offrandes. Quand saurons-nous comprendre l'efficacité de cette propagande systématique et infatigable, si fructueuse aux Anglais ?

Fas est ab hoste doceri.

Oui on peut l'espérer : la générosité catholique, ici comme partout, voudra répondre à tous les appels, soulager tous les maux.

Et les missionnaires ? Ils viendront toujours plus nombreux. Il semble qu'à mesure que les besoins augmentent, la grâce des vocations se multiplie. Déjà on a pu le constater dans les congrégations qui ont assumé l'œuvre de l'évangélisation du Congo.

Et pourquoi d'autres ordres n'apporteraient-ils pas à cette œuvre glorieuse leur coopération immédiatement nécessaire ? Il n'a rien perdu de son intérêt et de son actualité, le passage qui clôt le chap. VIII du brillant ouvrage de notre compatriote, M. le baron L. Bethune, *Sur les Missions en Afrique*. C'est pourquoi nous le reproduisons en entier et nous terminons en joignant nos vœux aux siens et en espérant que son appel sera entendu et portera de nouveaux fruits :

« Nos admirables ordres religieux voudront tous, nous en avons la confiance, partager avec Messieurs de Scheut et sous la direction des vicaires du Congo l'honneur de recueillir l'abondante moisson qui se prépare sur la terre africaine. Déjà le principe de la division du travail apostolique a reçu une féconde application, par l'attribution du vicariat suffragant de Tanganyka occidental à la branche belge des Pères d'Alger.

» La famille de Saint-François, que tant d'émouvants souvenirs rattachent au Congo, se laissera-t-elle distancer aujourd'hui ? N'aimera-t-elle pas à renouveler les prodiges d'autre fois dans ces provinces naguère fécondées par les sueurs des Capucins. Les enfants de Saint-Dominique de leur côté ne se rappelleront-ils pas que c'étaient leurs frères ces premiers prêtres qui en 1492, sept ans après la mémorable exploration de Diego Cam, touchèrent terre à l'embouchure du Zaïre (Congo) ? Nos ordres monastiques, les Benédictins, les Prémontrés, les Trappistes, ces corporations vénérables qui ont défriché nos forêts et joué un si grand rôle dans notre histoire, ne voudront-ils pas acquérir un lustre nouveau dans la mise en valeur d'une terre vierge des plus fécondes et dans le relèvement de l'infortunée race africaine ?

» Enfin toutes ces vaillantes congrégations de vierges que la fatigue anime, que la souffrance attire et que le sacrifice passionne viendront sans doute prêter aux efforts vigoureux du missionnaire l'appui de la douceur et de la charité. »

TABLE DES MATIÈRES

EN VENTE A LA MÊME LIBRAIRIE

(EXTRAIT DU CATALOGUE)

Congo devant le Parlement (Le), par le Capitaine ***. In-8° de 46 pages . . . . 1.00 fr.

ETTERLÉ (R. P.), S. J, Missionnaire du Zambèze. — **Les Maladies de l'Afrique tropicale.** 1 vol. petit in-8° de 192 pages. . . . . . . 2.50 fr.

Histoire de l'Établissement de la Mission de Perse, par les Pères Carmes-Déchaussés, de l'année 1604 à l'année 1612. Extraite des Annales de l'Ordre et de divers manuscrits par le R. P. Berthold-Ignace de Sainte-Anne. 1 volume in-18 de LX-372 pages . . . . 3.50 fr.

JULLIEN (Dr A.). — **Au Congo.** Première causerie. In-8° illustré de 32 pages . . . . 1.00 fr.

LEROY (Mgr A.). — **Au Kilima-Ndjaro.** Afrique orientale. Ouvrage renfermant 89 gravures et 6 cartes. 1 vol. gr. in-8° de 470 pages. . . . 8.00 fr.

POSKIN (Dr A.). — **L'Afrique équatoriale.** Climatologie — Nosologie — Hygiène. Ouvrage renfermant de nombreuses figures et diagrammes et une carte du Bassin du Congo. 1 vol. in-8° de x-480 pages . . 12.00 fr.

VAN ORTROY (le Capitaine F.). — **Conventions internationales définissant les limites actuelles des possessions, protectorats et sphères d'influence en Afrique,** publiées d'après les textes authentiques. Ouvrage accompagné d'une carte en couleurs de l'Afrique. 1 volume gr. in-8° de 500 pages . . . . 12.00 fr.

www.ingramcontent.com/pod-product-compliance
Ingram Content Group UK Ltd.
Pitfield, Milton Keynes, MK11 3LW, UK
UKHW021013200726
13857UKWH00004B/1428